まちごとインド

South India 006 Kumbakonam
クンバコナムとカーヴェリー・デルタ
「稲穂」揺れる平野の街々

கும்பகோணம்

Asia City Guide Production

【白地図】南インド

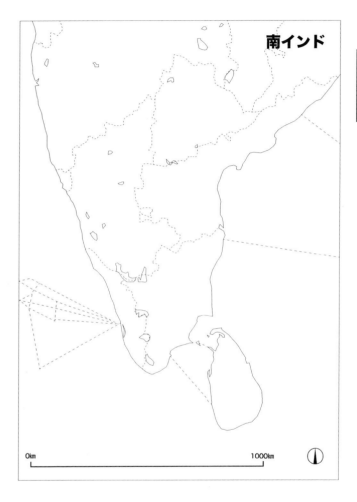

【白地図】タミルナードゥ州

INDIA
南インド

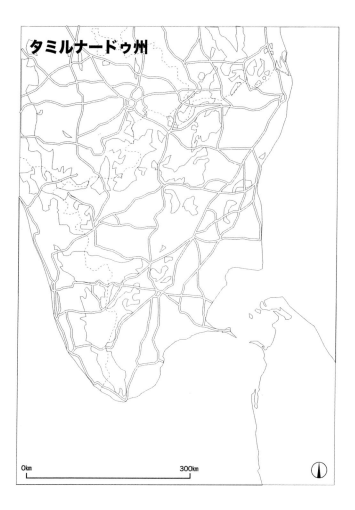

【白地図】クンバコナム

INDIA
南インド

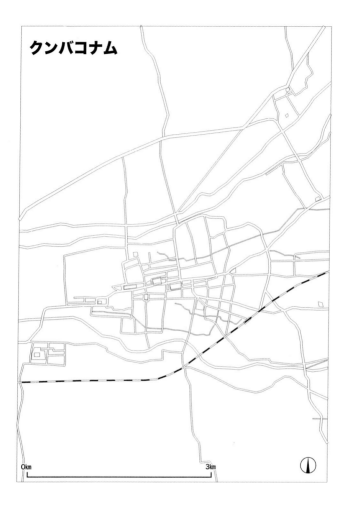

【白地図】クンバコナム中心部

INDIA
南インド

【白地図】ダーラースラム

INDIA
南インド

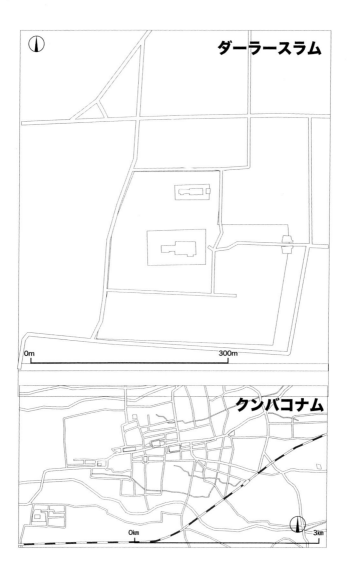

【白地図】クンバコナム郊外

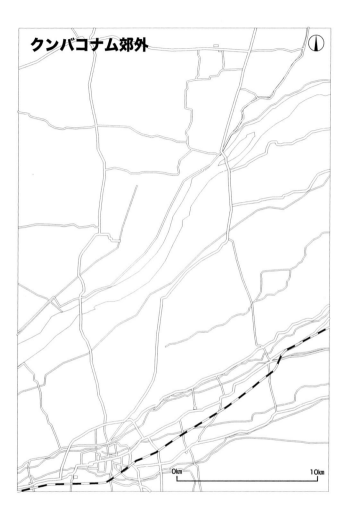

クンバコナム郊外

Kumbakonam　白地図

【白地図】ブリハディーシュワラ寺院

INDIA
南インド

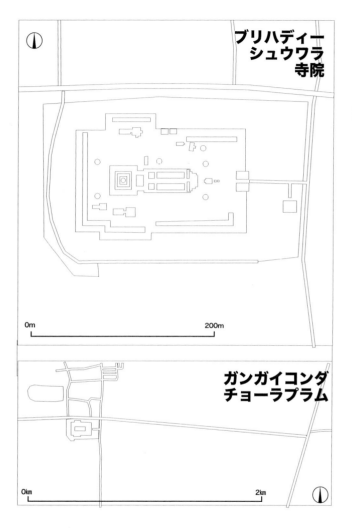

【白地図】カーヴェリーデルタ

INDIA
南インド

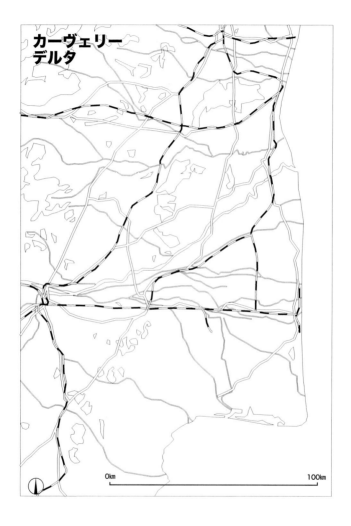

【白地図】チダンバラム

INDIA
南インド

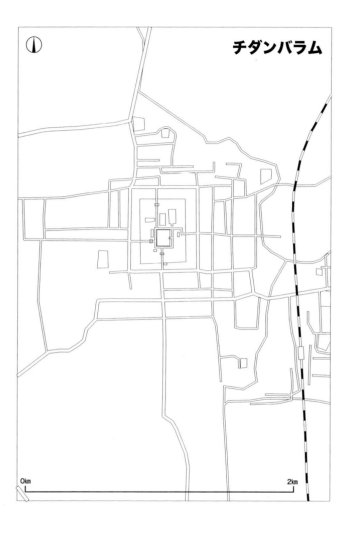

チダンバラム

Kumbakonam

白地図

【まちごとインド】

南インド 001 はじめてのタミルナードゥ
南インド 002 チェンナイ
南インド 003 カーンチプラム
南インド 004 マハーバリプラム
南インド 005 タンジャヴール
南インド 006 クンバコナムとカーヴェリー・デルタ
南インド 007 ティルチラパッリ
南インド 008 マドゥライ
南インド 009 ラーメシュワラム
南インド 010 カニャークマリ

INDIA
南インド

カーヴェリー河はグランド・アニカットで分水され、南インド有数の肥沃なデルタ地帯をつくる。クンバコナムはこのデルタ地帯の要衝で、古くからドラヴィダ人の信仰を集めるムルガン神の聖地スワミマライの近くに位置し、7世紀にはチョーラ朝の都がおかれていた。

9～13世紀、チョーラ朝は豊かな収穫や海上交易を背景に最高の繁栄を見せ、その威光は都タンジャヴールから近郊の街や農村にも広がっていた。とくにラージェンドラ1世（在位1012～1044年ごろ）など強大な王は、自らの名前を冠し

た寺院と都を造営し、ガンガイコンダチョーラプラム、ダーラースラムなどに大チョーラ寺院群が建てられた。

クンバコナムはそれらの遺構への足がかりになり、街はシヴァ派、ヴィシュヌ派あわせ10を超す寺院を抱える。郊外には美しい田園が広がり、信仰が息づくこの街で天才数学者ラマヌジャンが生まれたことも特筆される。

【まちごとインド】
南インド 006 クンバコナムとカーヴェリー・デルタ

目次

クンバコナムとカーヴェリー・デルタ	xx
タミルの平原と寺院の国	xxviii
クンバコナム城市案内	xxxv
郊外城市案内	xlvii
ガンガイコンダチョーラプラム鑑賞案内	lx
河口部城市案内	lxvii
天才を育んだ緑の大地	lxxviii

【MEMO】

【地図】南インド

INDIA
南インド

【地図】タミルナードゥ州

INDIA
南インド

タミルの平原と寺院の国

INDIA
南インド

青々とした平原のなか突如として現れる巨大寺院
9〜13世紀のチョーラ朝時代、交易と各地から集められた
富をもとに次々とヒンドゥー寺院が建てられた

灌漑された三角州

西ガーツ山脈から流れるカーヴェリー河がつくる三角州地帯は、年に二度の収穫ができる穀倉地帯として知られる。インド農業がモンスーンの雨に左右されると言われるなか、デルタの頂点にある灌漑施設グランド・アニカットが水をデルタの隅々に行き渡らせる(ティルチラパッリ近くのこの施設は2世紀ごろに建造されたと言われ、チョーラ王も整備を進めた)。クンバコナム周辺にはもっとも肥沃な農地が広がり、稲作や綿花の栽培が行なわれている。

▲左 黄金のガンジー像とドラヴィダ式寺院。 ▲右 ダーラースラムにある世界遺産、アイラーヴァテーシュワラ寺院

寺院都市への誘い

13世紀以降、イスラム勢力の統治を受けた北インドと違って、南インドではヒンドゥー王朝が続き、南インドは「寺院の国」だと言われる。14〜17世紀のヴィジャヤナガル朝時代に、門塔ゴープラは巨大化して本殿より高くなり、無数の神像や聖者像で埋め尽くされるようになった(寺院様式が変化した)。ヒンドゥー教は大きくシヴァ派とヴィシュヌ派にわかれ、シヴァ寺院ではリンガが、ヴィシュヌ寺院では神像が安置される。歴代のチョーラ王はシヴァ神を信仰し、クンバコナムで育った数学者ラマヌジャンはヴィシュヌ派であった。

INDIA
南インド

▲左　カーヴェリー・デルタはインド有数の穀倉地帯。　▲右　寺院を山車に見立て馬が車輪のついた寺院をひく、ダーラースラム

超巨大建築の造営

それまで南インドのヒンドゥー寺院は聖地に建てられる小さなものだったが、11世紀、ラージャラージャ1世によるブリハディーシュワラ寺院（タンジャヴール）で超巨大化し、寺院が王権と結びついて政治、経済、宗教の中心地となった。こうした状況はガンガイコンダチョーラプラム、ダーラースラムの寺院造営でも続き、チョーラ朝後期にはチダンバラムやシュリーランガムなどタミル地域を越えてヒンドゥー世界にのぞむ寺院も建立された。

【MEMO】

【地図】クンバコナム

【地図】クンバコナムの [★★★]
- [ ] クンバコナム Kumbakonam
- [ ] ダーラースラム Darasuram
- [ ] アイラーヴァテーシュワラ寺院 Airavateswara Temple

【地図】クンバコナムの [★★☆]
- [ ] サランガパニ寺院 Sarangapani Temple

【地図】クンバコナムの [★☆☆]
- [ ] マハマカム・タンク Mahamaham Tank
- [ ] カーヴェリー河 Kaveri River
- [ ] ガート Ghat

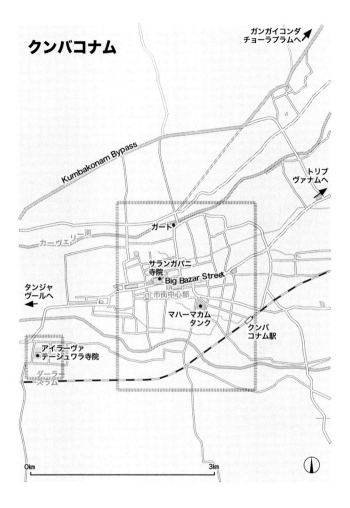

Guide, Kumbakonam
クンバコナム城市案内

ガンジス河に通じるというマハマカム・タンク
ラマヌジャンゆかりのサランガパニ寺院
信仰が息づく寺院都市の顔を見せるクンバコナム

クンバコナム Kumbakonam ［★★★］

タンジャヴールの北東 30 kmに位置し、街の南北をカーヴェリー河とその支流にはさまれたクンバコナム。街の名前は「甘露の壺（クンバム）」に由来し、ヒマラヤから洪水で流された壺がこの地に漂着し、それをシヴァ神が射ると甘露が飛び散り、池や寺院になったという。チョーラ朝時代から要地として知られ、多くの寺院で彩られた寺院都市となっている（ほとんどの寺院は 16 〜 17 世紀のナーヤカ朝時代に改築されているため、巨大なゴープラが立つ）。

南インド

クンベシュワラ寺院 Kumbheshvara Temple ［★★☆］

クンバコナムの由来にもなったリンガをまつるクンベシュワラ寺院。タンクをはさんでサランガパニ寺院と対置するように立ち、両脇に店がならぶ門前町を抜けると寺院本堂にいたる（現在の建物は 17 世紀に建てられた）。クンバコナムで行なわれる 12 年に一度の大祭ではこの寺院のリンガが神輿に乗ってマハマカム・タンクにまで運ばれる。

▲左 クンベシュワラ寺院には象が待機する。　▲右　堂々としたゴープラをもつラーマ寺院

ラーマ寺院 Ramaswamy Temple ［★☆☆］

神像で彩られた門塔ゴープラをもつラーマ寺院。タンジャヴールのラグナータ・ナーヤカによって建設され、16 〜 17世紀ごろのたたずまいを残す(ナーヤカはヴィシュヌ派だった)。祠堂には列柱がならび、神々や騎馬の彫刻が彫り出され、壁画の描かれた回廊で囲まれている。

サランガパニ寺院 Sarangapani Temple ［★★☆］

サランガパニ寺院はクンバコナム最大のヴィシュヌ寺院。高さ 45m の門塔ゴープラをもち、ヴィシュヌ神がまつられた

【地図】クンバコナム中心部

【地図】クンバコナム中心部の [★★☆]
- [ ] クンベシュワラ寺院 Kumbheshvara Temple
- [ ] サランガパニ寺院 Sarangapani Temple

【地図】クンバコナム中心部の [★☆☆]
- [ ] ラーマ寺院 Ramaswamy Temple
- [ ] ラマヌジャンの家 Ramanujan House
- [ ] ナーゲーシュワラ寺院 Nageswaraswamy Temple
- [ ] マハマカム・タンク Mahamaham Tank
- [ ] カーヴェリー河 Kaveri River
- [ ] ガート Ghat

INDIA
南インド

本殿を中心に幾層もの周壁がめぐらされている。またこの寺院は数学者ラマヌジャンが幼いころ通った寺院として知られ、誰も見たことのないような数式を生み出したラマヌジャンは「ナーマギリ女神が教えてくれる」という言葉を残している(この女神はヴィシュヌ神第4の化身ナラシンハ神の配偶神で、ラマヌジャン母の一族の氏神。母はサランガパニ寺院で宗教歌を歌ったという)。チョーラ朝時代に建てられたのち、17世紀に現在の姿になった。

▲左 幼きラマヌジャンが通ったというサランガパニ寺院。 ▲右 ドラヴィダの神さま、ムルガン神の仮面が売られている

ラマヌジャンの家 Ramanujan House ［★☆☆］

サランガパニ寺院に続く通りの一角に残るラマヌジャンの家（数々の数式を生み出した天才数学者として知られる）。クンバコナムで育ったラマヌジャン（1887〜1920年）は独学で数学を勉強し、やがてその才能が認められてケンブリッジ大学へ招聘された。子どものころ、親に連れられて毎夕、サランガパニ寺院に通い、寺院の石の床で瞑想にふけった（他のインド人同様、上半身は裸だったという）。

INDIA
南インド

ナーゲーシュワラ寺院 Nageswaraswamy Temple [★☆☆]

チョーラ朝初期の886年に建てられたナーゲーシュワラ寺院(850年ごろ、パッラヴァ朝の臣下となっていたヴィジャヤーラヤがタンジャヴールを占領し、チョーラ朝を再興した)。リンガをまつるシヴァ派の寺院で、境内には彩色された神像や聖者像が見える。周壁で囲まれ、四方にゴープラが立つが、東側が正門となっている。

▲左　シヴァ派の人々が訪れるナーゲーシュワラ寺院。　▲右　土着の信仰とヒンドゥー教の融合が見られる

マハマカム・タンク Mahamaham Tank ［★☆☆］

クンバコナム市街南東に広がる「聖なる池」マハマカム・タンク。この池はガンジス河に通じていると言われ、周囲の建物は17世紀に整備された。12年に一度の大祭クンバレーシュワラの舞台となり、南インド中から集まった数万人から数十万以上と言われる信者がここで沐浴を行なう（タミル暦のマーシ月で2～3月）。1992年にはあまりの人が集まり壁が倒れて60名が亡くなるという事故も起こった。

南インド

織物業のさかんな街

カーンチプラム、マドゥライ、タンジャヴールなどともに、クンバコナムは長い織物業の伝統をもつ。とくにサリーの品質の高さが知られ、数学者ラマヌジャンの父親も織物屋の店員だった。またバラモンの比率が高い、金属細工師をはじめとする熟練技術者が多く暮らすといった特徴もある。

カーヴェリー河 Kaveri River [★☆☆]

カーヴェリー河は西ガーツ山脈から平野にいたり、ベンガル湾へ流れていく。総延長802kmになるインドを代表する河川

▲左 マハマカム・タンクでは沐浴する人々に出会えた。 ▲右 カーヴェリー河に面したガート

で、デルタ地帯は南インド有数の穀倉地帯となっている。この河を灌漑することで年中水をめぐらせ、クンバコナム近郊では6〜10月と10〜1月で二期作が行なわれる。また上流のカルナータカ州とタミルナードゥ州のあいだで水の使用量に関する争いも起こっている。

ガート Ghat ［★☆☆］

クンバコナムの北側を流れるカーヴェリー河にのぞむガート。洗濯物をほす人々の姿などが見られる。

Guide,
Around Kumbakonam
郊外
城市案内

チョーラ朝末期に建てられたトリブヴァナムや
世界遺産にも指定されているダーラースラムの寺院
クンバコナム郊外には魅力的な街が点在する

ダーラースラム Darasuram［★★★］

チョーラ朝後期の名君ラージャラージャ2世（在位1166～1180年ごろ）による都ダーラースラム。クンバコナムの南西2kmに位置し、タンジャヴール、ガンガイコンダチョーラプラムの寺院に続くチョーラ朝で3番目に大きいアイラーヴァテーシュワラ寺院が残る。ラージャラージャ2世の時代、チョーラ朝は全盛期（11世紀）の勢いを失っていたが、王が文学や音楽、芸術を保護したため、ダーラースラムではこの王朝後期の傑作建築を見ることができる。

▲左　世界遺産にも指定されているアイラーヴァテーシュワラ寺院。　▲右　ダーラースラムの子どもたち

アイラーヴァテーシュワラ寺院
Airavateswara Temple ［★★★］

チョーラ朝後期の傑作建築にあげられるアイラーヴァテーシュワラ寺院。ラージャラージャ2世（在位1166〜1180年ごろ）の命で建てられ、東西109m、南北70mの周壁の中央に立つ本殿は高さ25m、五層の規模をもつ。壁面や柱には『マハーバーラタ』の神話やシヴァ派の聖者像などがびっしりと彫刻されている。とくに「寺院を神の乗りもの」ととらえ、車輪や馬の彫刻が彫られる意匠はそれまでのチョーラ朝では見られなかった（この意匠はオリッサで見られる）。

【MEMO】

Kumbakonam 郊外城市案内

【地図】ダーラースラム

【地図】ダーラースラムの [★★★]
- [ ] ダーラースラム Darasuram
- [ ] アイラーヴァテーシュワラ寺院 Airavateswara Temple

【地図】ダーラースラムの [★★☆]
- [ ] ダイヴァナーヤキ・アンマン寺院 Periya Nayaki Amman Temple

【地図】ダーラースラムの [★☆☆]
- [ ] ゴープラ Gopuram

南インド

ダイヴァナーヤキ・アンマン寺院
Periya Nayaki Amman Temple [★★☆]

アイラーヴァテーシュワラ寺院に隣接するダイヴァナーヤキ・アンマン寺院。シヴァの配偶神であるパールヴァティ女神がまつられている(この地方の女神がパールヴァティー女神に同一視された)。12世紀に建てられた。

ゴープラ Gopuram [★☆☆]

アイラーヴァテーシュワラ寺院の東側に位置する未完のゴープラ。寺院の門塔として建設が進み、チョーラ朝後期では徐々

▲左　門番、時間がくれば鍵を開けてくれる。　▲右　チョーラ朝後期の傑作、アイラーヴァテーシュワラ寺院

にゴープラが存在感を見せるようになった。

スワミマライ Swamimalai［★☆☆］

古くからムルガン神の聖地として巡礼者を集めてきたスワミマライ。ムルガン神はヒンドゥー教成立以前からのドラヴィダの神様で、スワミマライはその六聖地のひとつとなっている。またこの村の工房で制作されるブロンズ像の品質の高さは南インド中に知られている。クンバコナムの西5km。

南インド

トリブヴァナム Tribhuvanam [★★☆]

クンバコナムの北東6kmに位置するトリブヴァナムには、チョーラ朝最後期の都がおかれ、クロートゥンガ3世(在位1178〜1218年ごろ)によるカンパハレーシュワラ寺院が残る。トリブヴァナムとはクロートゥンガ3世の称号「三世界の覇者」からとられたもので、王はデカンのホイサラ朝の援助を受けて南のパーンディヤ朝の都マドゥライを陥落させている(またチダンバラムのナタラージャ寺院を改築した)。寺院はシヴァ・リンガを安置し、高さ38mの本体壁面には美しい彫刻がほどこされている。

【MEMO】

【地図】クンバコナム郊外

【地図】クンバコナム郊外の [★★★]
- [ ] ガンガイコンダチョーラプラム Gangaikonda Cholapuram
- [ ] ダーラースラム Darasuram

【地図】クンバコナム郊外の [★★☆]
- [ ] トリブヴァナム Tribhuvanam

【地図】クンバコナム郊外の [★☆☆]
- [ ] スワミマライ Swamimalai
- [ ] アードゥトゥライ Aduthrai
- [ ] ウッピリアッパン寺院 Uppiliappan Temple
- [ ] カーヴェリー河 Kaveri River

クンバコナム郊外

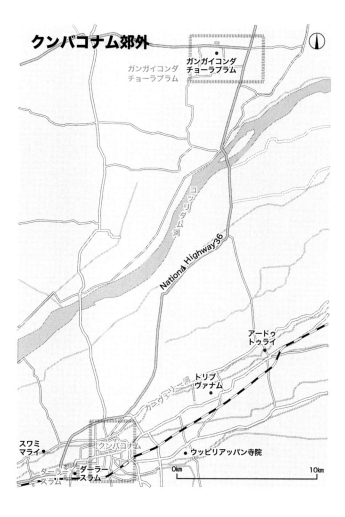

南インド

アードゥトゥライ Aduthrai [★☆☆]

クンバコナムから北東12kmに位置するアードゥトゥライには、7世紀の詩人アッパルの時代までさかのぼる寺院が残っている（アッパルはジャイナ教のパッラヴァ王をヒンドゥー教に改宗させた）。またチョーラ朝初期（10世紀）の寺院も見られる。

ウッピリアッパン寺院 Uppiliappan Temple [★☆☆]

この地方のヴィシュヌ派の人々の巡礼を集めるウッピリアッパン寺院。クンバコナムの東7kmに位置し、周囲には複数のヒンドゥー寺院がならんでいる。

Guide, Gangaikonda Cholapuram
ガンガイコンダチョーラプラム
鑑賞案内

INDIA
南インド

どこまでも続く平原に突如として現れる巨大寺院
世界遺産にも指定されている
ガンガイコンダチョーラプラムのブリハディーシュワラ寺院

ガンガイコンダチョーラプラム
Gangaikonda Cholapuram [★★★]

チョーラ朝はラージャラージャ1世（在位985〜1016年）とその子ラージェンドラ1世（在位1016〜44年）の時代に最盛期を迎えた。ラージェンドラ1世はガンジス河中流域にまで遠征を行ない、1025年、「ガンジス河を手に入れたチョーラ王の都」を意味する新たな首都ガンガイコンダチョーラプラムを開いた（この時代、南インド全域、スリランカを領土とし、東南アジアへも遠征している）。父ラージャラージャ1世がタンジャヴールで建てたように、ラージェンドラ1世

▲左　もうひとつのブリハディーシュワラ寺院、ガンガイコンダチョーラプラム。　▲右　タンジャーブール、ダーラースラムとならぶ世界遺産

は新たな都の中心に巨大寺院を建造し、両者はチョーラ朝建築の双璧となっている。一方で、ガンガイコンダチョーラプラムは、巨大な寺院の遺構とは不釣合いなほど小さな村となっていて、クンバコナムの北35kmに位置する。

INDIA
南インド

ブリハディーシュワラ寺院 Brihadisvara Temple ［★★★］

チョーラ朝全盛期の1025年、ラージェンドラ1世の命で建てられたブリハディーシュワラ寺院。東西185m、南北108mの周壁に高さ54mの本殿がそびえ、チョーラ朝建築の最高傑作にあげられる（タンジャヴールのものより本殿が少し低いことから傾斜がなだらかで、女性的で調和がとれているという）。本殿にはシヴァ神そのものと見られるリンガが安置され、境内には王妃による副祠堂も残る。王の名前をとってラージェンドラ・チョーリーシュワラ寺院とも呼ばれる。

▲左 本殿の周囲に配された副祠堂。　▲右　寺院の壁面を彩る「踊るシヴァ神」ナタラージャ

チョーラ朝の最高傑作

チョーラ朝治下では海上交易、王朝各地から集められた富を受けて、いくつものヒンドゥー寺院が建てられた。建築様式は、6〜8世紀のパッラヴァ朝で完成した南方型石積寺院を受け継ぎ、それを発展させている。周壁がピラミッド型の本殿をとり囲み、高さ60mもの高層建築は当時の世界最高峰のものだった。またチョーラ朝の寺院で見られる「踊るシヴァ神」ナタラージャ像は王朝の守護神で、そのほかにもヒンドゥー神話が浮き彫りで表現されている（聖牛ナンディンはシヴァ神の乗りもの）。

【地図】ブリハディーシュワラ寺院の [★★★]

- [ ] ブリハディーシュワラ寺院 Brihadisvara Temple

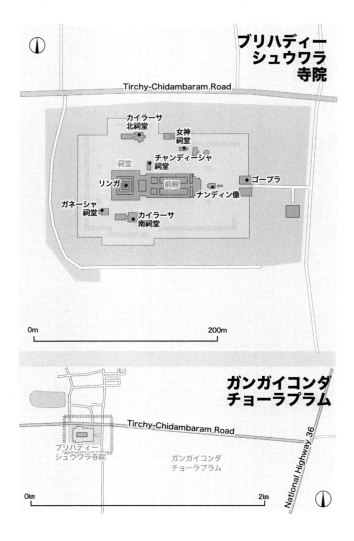

Guide, Kaveri Delta
河口部城市案内

チェンナイから南 230 kmに位置する聖地チダンバラム
カーヴェリー・デルタ河口部は
紀元前後のローマ交易時代の港もおかれていた

チダンバラム Chidambaram ［★★★］

南インド中から巡礼者を集める寺院都市チダンバラム。「踊るシヴァ神」ナタラージャがまつられ、寺院の中心から方形の街区が外側に重層的に広がる寺院都市となっている（寺域がバザールや居住区を飲み込んでいる）。寺院の創建は6世紀ごろにさかのぼるが、チョーラ朝後期の王の庇護を受け、12世紀から増改築が続いて、四方に門塔ゴープラを備える。外側のゴープラは17世紀のもので、南方型寺院の方形周壁が発展したと見ることもできる。このチダンバラムのナタラージャ寺院はシュリーランガムとともにタミルナードゥを

【地図】カーヴェリーデルタ

【地図】カーヴェリーデルタの [★★★]
- [ ] チダンバラム Chidambaram
- [ ] ガンガイコンダチョーラプラム Gangaikonda Cholapuram
- [ ] クンバコナム Kumbakonam

【地図】カーヴェリーデルタの [★☆☆]
- [ ] ティルヴァールール Tiruvarur
- [ ] マンナールグディ Mannargudi
- [ ] ナガパッティヤム Nagappatinam

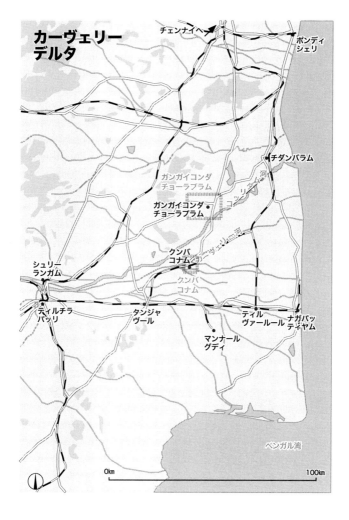

【地図】チダンバラム

【地図】チダンバラムの [★★★]
- [ ] チダンバラム Chidambaram

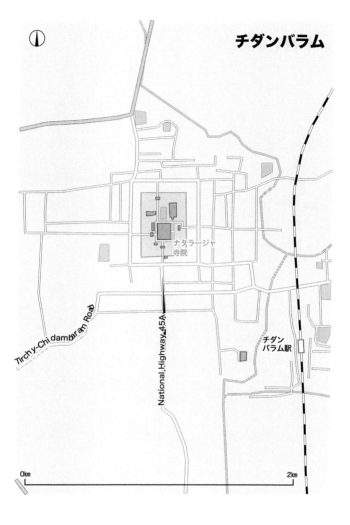

INDIA
南インド

代表するヒンドゥー寺院となっている。

インド美術の至宝ナタラージャ像

「踊るシヴァ神」ナタラージャは、南インドを代表する美術品で、シヴァ神の創造と破壊の二面性が表現されている。炎の円環のなかで片足で羅刹をふみ、片足をあげて絶妙のバランスをとり、四肢すべて異なる動きを見せる。とくにチョーラ朝時代、ナタラージャのブロンズ像が多く制作され、現在、チェンナイはじめ各地の博物館で見ることができる。チダンバラムのナタラージャ像は山車に乗って巡行し、海岸で潮風

▲左　布を腰に巻きつける南インドの服装。　▲右　コッリダム河で漁業をする人たちが見える

を受けて楽しんだという。

ティルヴァールール Tiruvarur ［★☆☆］

クンバコナムの南東35km、13〜17世紀に建てられたティヤガラージャ寺院が位置するティルヴァールール。中央の本殿から四方に複数の周壁をめぐらせるドラヴィダ様式で、外側の門塔ゴープラがもっとも高くなっている。

マンナールグディ Mannargudi ［★☆☆］

タンジャヴール・ナーヤカの保護を受けていたマンナールグディ寺院（タンジャヴール・ナーヤカはデカンのヴィジャヤナガル朝から派遣され、やがて16世紀から当地で独立するようになった）。ここにはナーヤカの氏神であるラージャ・ゴーパーラがまつられ、ナーヤカによる儀式が行なわれていた。タンジャヴールの南東30kmに位置する。

米食地帯と小麦食地帯の分布

南インド

ナガパッティヤム Nagappatinam [★☆☆]

ナガパッティヤムは海港として長い歴史をもち、古代サンガム時代、チョーラ朝を通じて栄え、ベンガル湾を横断する交易の中心地となっていた。東南アジアのシュリーヴィジャヤ王国がこの街に居留地をつくり、中国による仏教寺院も見られたという（中国磁器の破片も見つかっている）。また近世にはポルトガルの商館がおかれ、タミル有数のキリスト教会ウェーランガンニ聖堂も残っている。

天才を育んだ緑の大地

INDIA
南インド

米粒をならべてタミル文字を教わったというラマヌジャン
天才数学者を育てた
カーヴェリー・デルタの風土

天才ラマヌジャンの生涯

クンバコナムは天才数学者ラマヌジャンの故郷として知られる。少年時代のラマヌジャンは「どんな数でもそれ自身で割れば1になる。16本のバナナを16人でわければ、ひとり1本手に入る」という教師に対し、「0本のバナナを0人でわけたら?」と質問したという。大人になったラマヌジャンはチェンナイの港湾局で仕事をしながら、独学で数学を学んでいた。地元での評判は高かったが、それを評価できる人間がおらず、1913年にケンブリッジ大学教授ハーディに送った手紙がもとでケンブリッジ大学に招かれることになった。ラ

Kumbakonam 天才を育んだ緑の大地

マヌジャンはそれまで誰も考えたことのない数式をいくつも生み出し、天才数学者と呼ばれたが、健康を害し、1919 年、インドに帰国してまもなく 32 歳という若さでなくなくなった。

カーヴェリー・デルタのまとまり

古代から中世にかけてタミルには、大きくタンジャヴール（クンバコナム）を中心とするチョーラの国、マドゥライを中心とするパーンディヤの国、ケーララの国があった（ケーララのマラヤーラム語がタミル語からわかれるのは 9 世紀ごろ）。

INDIA
南インド

カーヴェリー・デルタの国、マドゥライを中心とする国という対立構造は、チョーラ朝、パーンディヤ朝(古代から中世にかけて)の時代からタンジャヴール・ナーヤカ、マドゥライ・ナーヤカの時代も続き、その後のタンジャヴール・マラータがカーヴェリー・デルタを領地とするなど地理的な一体性は2000年に渡って保たれた。

コロマンデル海岸とは

クリシュナ川河口からコモリン岬までの南インド東部を720kmに渡って走るコロマンデル海岸の名前は、「チョーラ朝の

▲左　鮮やかな色彩がほどこされた神様。　▲右　街角の露店にて、クンバコナムは豊かな穀倉地帯

地域」を意味するチョーラ・マンデルにちなむ（カーヴェリー河沿いからは紀元前後のローマ金貨が発見されており、古くからの交易が確認されている）。この海岸はモンスーンの影響を受けて波が高く、砂浜が続いて入江が少ないことから天然の良港に恵まれていない。そのため古くから東南アジアやスリランカとの交易が栄えてきたが、ほとんどの港が永続せず、やがてイギリスによって近代港湾を備えられたチェンナイが南インド最大の港となった。

参考文献

『インド建築案内』(神谷武夫 / TOTO出版)

『インド、チョーラ朝の美術』(袋井由布子 / 東信堂)

『南アジア史』(辛島昇編 / 山川出版社)

『世界美術大全集インド』(肥塚隆・宮治昭 / 小学館)

『世界歴史の旅南インド』(辛島昇 / 山川出版社)

『神々への供物』(田中 雅一 / 人文学報)

『心は孤独な数学者』(藤原正彦 / 新潮社)

『世界大百科事典』(平凡社)

まちごとパブリッシングの旅行ガイド

Machigoto INDIA , Machigoto ASIA , Machigoto CHINA

【北インド - まちごとインド】

001 はじめての北インド
002 はじめてのデリー
003 オールド・デリー
004 ニュー・デリー
005 南デリー
012 アーグラ
013 ファテープル・シークリー
014 バラナシ
015 サールナート
022 カージュラホ
032 アムリトサル

【西インド - まちごとインド】

001 はじめてのラジャスタン
002 ジャイプル
003 ジョードプル
004 ジャイサルメール
005 ウダイプル
006 アジメール（プシュカル）
007 ビカネール
008 シェカワティ
011 はじめてのマハラシュトラ
012 ムンバイ
013 プネー
014 アウランガバード
015 エローラ
016 アジャンタ
021 はじめてのグジャラート
022 アーメダバード
023 ヴァドダラー（チャンパネール）

024 ブジ（カッチ地方）

【東インド - まちごとインド】

002 コルカタ
012 ブッダガヤ

【南インド - まちごとインド】

001 はじめてのタミルナードゥ
002 チェンナイ
003 カーンチプラム
004 マハーバリプラム
005 タンジャヴール
006 クンバコナムとカーヴェリー・デルタ
007 ティルチラパッリ
008 マドゥライ
009 ラーメシュワラム
010 カニャークマリ
021 はじめてのケーララ
022 ティルヴァナンタプラム
023 バックウォーター（コッラム〜アラップーザ）
024 コーチ（コーチン）
025 トリシュール

【ネパール - まちごとアジア】

001 はじめてのカトマンズ
002 カトマンズ
003 スワヤンブナート

004 パタン
005 バクタプル
006 ポカラ
007 ルンビニ
008 チトワン国立公園

【バングラデシュ - まちごとアジア】

001 はじめてのバングラデシュ
002 ダッカ
003 バゲルハット（クルナ）
004 シュンドルボン
005 プティア
006 モハスタン（ボグラ）
007 パハルプール

【パキスタン - まちごとアジア】

002 フンザ
003 ギルギット（KKH）
004 ラホール
005 ハラッパ
006 ムルタン

【イラン - まちごとアジア】

001 はじめてのイラン
002 テヘラン
003 イスファハン
004 シーラーズ
005 ペルセポリス
006 パサルガダエ（ナグシェ・ロスタム）
007 ヤズド
008 チョガ・ザンビル（アフヴァーズ）
009 タブリーズ

010 アルダビール

【北京 - まちごとチャイナ】

001 はじめての北京
002 故宮（天安門広場）
003 胡同と旧皇城
004 天壇と旧崇文区
005 瑠璃廠と旧宣武区
006 王府井と市街東部
007 北京動物園と市街西部
008 頤和園と西山
009 盧溝橋と周口店
010 万里の長城と明十三陵

【天津 - まちごとチャイナ】

001 はじめての天津
002 天津市街
003 浜海新区と市街南部
004 薊県と清東陵

【上海 - まちごとチャイナ】

001 はじめての上海
002 浦東新区
003 外灘と南京東路
004 淮海路と市街西部
005 虹口と市街北部
006 上海郊外（龍華・七宝・松江・嘉定）
007 水郷地帯（朱家角・周荘・同里・甪直）

【河北省 - まちごとチャイナ】

001 はじめての河北省
002 石家荘
003 秦皇島
004 承徳
005 張家口
006 保定
007 邯鄲

【江蘇省 - まちごとチャイナ】

001 はじめての江蘇省
002 はじめての蘇州
003 蘇州旧城
004 蘇州郊外と開発区
005 無錫
006 揚州
007 鎮江
008 はじめての南京
009 南京旧城
010 南京紫金山と下関
011 雨花台と南京郊外・開発区
012 徐州

【浙江省 - まちごとチャイナ】

001 はじめての浙江省
002 はじめての杭州
003 西湖と山林杭州
004 杭州旧城と開発区
005 紹興
006 はじめての寧波
007 寧波旧城
008 寧波郊外と開発区
009 普陀山
010 天台山
011 温州

【福建省 - まちごとチャイナ】

001 はじめての福建省
002 はじめての福州
003 福州旧城
004 福州郊外と開発区
005 武夷山
006 泉州
007 廈門
008 客家土楼

【広東省 - まちごとチャイナ】

001 はじめての広東省
002 はじめての広州
003 広州古城
004 天河と広州郊外
005 深圳（深セン）
006 東莞
007 開平（江門）
008 韶関
009 はじめての潮汕
010 潮州
011 汕頭

【遼寧省 - まちごとチャイナ】

001 はじめての遼寧省
002 はじめての大連
003 大連市街
004 旅順
005 金州新区

006 はじめての瀋陽
007 瀋陽故宮と旧市街
008 瀋陽駅と市街地
009 北陵と瀋陽郊外
010 撫順

【重慶 - まちごとチャイナ】

001 はじめての重慶
002 重慶市街
003 三峡下り（重慶〜宜昌）
004 大足

【香港 - まちごとチャイナ】

001 はじめての香港
002 中環と香港島北岸
003 上環と香港島南岸
004 尖沙咀と九龍市街
005 九龍城と九龍郊外
006 新界
007 ランタオ島と島嶼部

【マカオ - まちごとチャイナ】

001 はじめてのマカオ
002 セナド広場とマカオ中心部
003 媽閣廟とマカオ半島南部
004 東望洋山とマカオ半島北部
005 新口岸とタイパ・コロアン

【Juo-Mujin（電子書籍のみ）】

Juo-Mujin 香港縦横無尽
Juo-Mujin 北京縦横無尽
Juo-Mujin 上海縦横無尽

【自力旅游中国 Tabisuru CHINA】

001 バスに揺られて「自力で長城」
002 バスに揺られて「自力で石家荘」
003 バスに揺られて「自力で承徳」
004 船に揺られて「自力で普陀山」
005 バスに揺られて「自力で天台山」
006 バスに揺られて「自力で秦皇島」
007 バスに揺られて「自力で張家口」
008 バスに揺られて「自力で邯鄲」
009 バスに揺られて「自力で保定」
010 バスに揺られて「自力で清東陵」
011 バスに揺られて「自力で潮州」
012 バスに揺られて「自力で汕頭」
013 バスに揺られて「自力で温州」

【車輪はつばさ】
南インドのアイラヴァテシュワラ寺院には建築本体に車輪がついていて寺院に乗った神さまが人びとの想いを運ぶと言います。

・本書はオンデマンド印刷で作成されています。
・本書の内容に関するご意見、お問い合わせは、発行元の
　まちごとパブリッシング info@machigotopub.com までお願いします。

まちごとインド
南インド006クンバコナムとカーヴェリー・デルタ
〜「稲穂」揺れる平野の街々[モノクロノートブック版]

2017年11月14日　発行

著　者	「アジア城市（まち）案内」制作委員会
発行者	赤松　耕次
発行所	まちごとパブリッシング株式会社 〒181-0013　東京都三鷹市下連雀4-4-36 URL http://www.machigotopub.com/
発売元	株式会社デジタルパブリッシングサービス 〒162-0812　東京都新宿区西五軒町11-13 清水ビル3F
印刷・製本	株式会社デジタルパブリッシングサービス URL http://www.d-pub.co.jp/

MP037

ISBN978-4-86143-171-5 C0326　　　　　Printed in Japan
本書の無断複製複写（コピー）は、著作権法上での例外を除き、禁じられています。